M.KISSINE

Plume au vent

Plume au vent

ISBN 9782919390502
©2019 M. KISSINE

Amnésies

Je ne sais plus en quel pays
Mes souvenirs se sont bâtis,
Tant la terre que je préfère
Est celle de l'imaginaire.
Comment mourut au creux du lit
L'amour perdu, l'amour fini,
Un jour d'été, un jour d'automne,
En vain ce grand vide résonne.
On se tait là-dessus, pardi…
Mystère infini de l'oubli.
N'avoir pas choisi l'existence
Oblige à chercher la prudence
Où l'on pose des interdits.
Du moins, c'est ce que l'on nous dit
Pour corrompre notre mémoire.
Hélas, maîtriser son histoire
Est un incroyable pari
Qu'on pourrait perdre à l'infini
S'il n'y avait cette malchance,
Avec le pardon, l'espérance,
Qui nous donnent des alibis
Pour faire taire les esprits.
Les amnésies diplomatiques
Désarment parfois les critiques
Mais on reconnaît un ami
Dans un vieux miroir, qui sourit.

Un dimanche de neige

Un dimanche de neige au silence parfait,
Quelques flocons épars déposent leur duvet
Sur les routes glacées.
Il manque aujourd'hui quelques enfants joyeux
Sur leur luge tirée par papa courageux
Quittant les maisonnées.

Le froid pique les yeux éblouis de blancheur
Et, sans mentir, on rêve en voyant la douceur
Des toitures cachées.
Quelle sérénité ! Les arbres, doucement,
Pour le réconforter, caressent le ciel blanc
De leurs mains décharnées.

Les galettes des rois tournent encore un peu
Sur les tables d'hiver au plaisir vigoureux :
Les pages retournées
Sur le calendrier vont effacer les jours
De la frilosité pour penser à l'amour
Des meilleures journées.

Une question d'avenir

Entre la femme et l'homme, on somme de choisir.
Propos sucrés-salés, présentant l'avenir
Éloigné du toujours par sa raison majeure,
Ce qu'on dit aujourd'hui, depuis longtemps, demeure
Une vraie question de devoirs et de droits
Qu'on met sous le tapis. Mais comment et pourquoi
Sépare-t-on l'humain en deux catégories ?
Le fait-on pour le chat ? Quelle philosophie,
De lumière nourrie, pourrait-elle nommer
Le maître et son esclave en pays "éclairé" ?
Du début à la fin de sa brève existence
On croit parfois choisir – par quelle impertinence,
Et maîtriser le cours de son propre chemin
Mais le déterminé lutte avec le destin
Dans l'éternel combat pour l'infernale gloire
D'avoir, au nom du ciel, le dessus de l'Histoire.

L'ami

Pierrot, le frère de mes nuits,
Ne pleure pas les jours enfuis
Mais il soulève quelques voiles
Pour guider les rêves épars
Dans les méandres du hasard
Puis il allume les étoiles.
L'ami Pierrot des souvenirs,
Dont la chandelle va périr
Pour découvrir le monde intime,
Initie les mots et les vers
À reconstruire l'univers
Avec la musique des cimes.
Pierrot des souvenirs éteints,
À travers ciel, me tend la main.
"Viens, me dit-il, va vers la vie,
Et deviens le portrait vivant
Des possibles éblouissants
Que la lumière nous confie."
Des souvenirs éteints, le ciel
Se charge assez mais l'essentiel
Ne reste pas dans ce nuage.
Un autre toit garde l'esprit
Des vents contraires, c'est l'ami
Qui scie les barreaux de ma cage.

Qui peut dire ?

Avez-vous tout compris de la poule et de l'œuf ?
Qu'y a-t-il sous le sens de ce tablier neuf
Pour en être si fier au moment de l'office ?
On range la victoire en un endroit propice,
Offerte aux regards blancs, mais loin des compagnons
Qui travaillent la terre et chargent les moissons.
Qui peut dire à quel point l'homme connaît sa place
Alors que le vent tourne et jamais ne se lasse,
Et comment reste-t-il debout dans l'ouragan
S'il n'a pas de mémoire et pas de sentiment ?
Trois mesures pour un volume… Il faut entendre
Un élément non dit que l'on peine à comprendre.
Une erreur après l'autre, à travers ce qu'on voit,
L'image d'un ailleurs s'impose quelquefois
Que la raison renie avant que la lumière
Intime, sans odeur et sans nom, la première,
Le doute merveilleux de la réalité.
Qui ne sait pas cela n'a jamais existé.

Les morts-vivants

L'attitude des morts-vivants
S'observe à la demi-lumière.
On reconnaît les sentiments
À leur absence, à leur manière.

Chacun garde sa vérité
Dans un petit coffre d'ivoire
Où la profonde obscurité
Réduit l'intérêt de l'histoire.

Pourquoi dire ce que l'on sait
Au miroir gris de lassitude
Alors que le monde est parfait ?
Méditons nos béatitudes…

Quand nous aurons fini nos tours
Sur le dos rond de notre terre
Et s'il y reste un peu d'amour,
Alors vous ferez vos affaires.

Sorcière

Oh sorcière, sortez de ma vie maintenant !
Plus rien n'est à garder ; je ne suis plus qu'une ombre
Après votre passage et vos nombreux serments.
Que ne me laissez-vous périr dans un coin sombre…

Et soyez satisfaite : on voit votre travail !
Car nul ne peut grandir, sur un semis de haine.
Un tronc noir desséché, tel un épouvantail,
Ne gémit même plus aux vents froids de la plaine.

Qu'importe la beauté : là n'est pas l'important.
De ce que vous laissez, la sinistre figure
Exprime la terreur et les jeunes enfants
Pleurent à son entour et craignent sa morsure.

Prenez donc du repos. Ce monde est terminé.
De midi à minuit, qu'est-ce donc que la vie ?
Tout est dit, rien n'est fait. Voilà la vérité
Qui m'étouffe à présent, sorcière… triste amie !

Hélas tant mieux

C'est pauvret mais ça parle au cœur, directement.
Qu'importe la surface à la triste figure,
Un souffle fabuleux entraîne la lecture
En pays inconnu, vers un monde étonnant.

Ce que l'on a compris guide le sentiment
Sans provoquer d'éclats, suivant, dans sa nature,
Le récit désigné d'une belle aventure
Aussi plaisant et doux qu'un sourire d'enfant.

Certes, les mots brillants ont quitté la mémoire,
Ainsi qu'un vêtement surpris dans un grimoire
En train de s'échanger contre un billet doré.

Mais le cœur se surprend à retrouver l'enfance
Où la simplicité promenait l'existence
À travers le bonheur et cela fait rêver…

La vie est courbe

Qu'ont-ils à raconter, les vieillards de demain ?
Nous ne serons plus là quand ils tendront la main
Vers leur immensité pour en toucher l'essence
Ainsi que nous rêvions au temps de l'exigence…
Ils ont eu le vertige et la peur, comme nous,
Un peu plus chaque jour, l'envie d'être partout,
Comme des feux follets sur les marais opaques,
Généreux et vainqueurs, toujours prêts à l'attaque.
Ils ont vécu la guerre et, sans armes au poing,
Parcouru leur présent dans ses moindres recoins,
Traînant comme un boulet le reproche du père
Et l'adoration néfaste de la mère.
Ils ont tenté l'amour, joué, gagné, perdu,
Pris les trains du hasard, vogué vers l'inconnu
De la joie enfantine à l'étape suivante,
Et, d'échec en regret, ils ont gravi la pente.
Ils laisseront peut-être un souvenir d'amour
Pourvu qu'on garde au cœur la lumière du jour.

Oui, la vie, je suis pour…

Et c'est là son salut

Souvent, il faut très peu pour que le monde change :
Un amour, un regard, le passage d'un ange
À travers le ciel bas encombré de regrets.
L'enfant connaît cela sitôt qu'il boit le lait.
Pourquoi, devenus grands, demeurons-nous de marbre
Alors que les oiseaux du ciel vénèrent l'arbre ?
Dans le monde vivant, le dernier arrivé
Se croyant le premier, néglige d'observer
La beauté qui l'entoure et le puissant mystère
Initiant le plaisir de vivre sur la terre…
Cependant, ce qui compte est offert à ses yeux
Depuis que la lumière est arrivée des cieux.
La fonction de son cœur est d'aimer, sans mesure,
Et c'est là son salut, son unique aventure
Au regard des journées et des nuits qu'autrement
L'homme égraine en pensant gagner un peu de
temps…

*Il ne faut pas que tes yeux soient privés d'un seul
émerveillement.* Bernard DIMEY

Zététique

Les gens qui parlent fort pour se convaincre eux-
mêmes,
Se croyant à la Cour, marchent sur les problèmes
Cachés rapidement sous leurs souliers vernis.
Qu'un philosophe arrive, on sonne l'hallali
Puis, pour le remplacer, on cherche un journaliste
Au compliment discret, qui recèle une liste
Ineffable de noms utiles à l'essor.
Oui, tout va pour le mieux, chacun tient son trésor.
Mais quand la vérité tire sur la ficelle
Aux fins de voir le jour, tant elle se sent belle,
On s'inquiète à l'endroit où la terre a tremblé…
Qu'a-t-on fait pour cela ? Tout était bien rangé
Dans les tiroirs des jours. Quelle est cette folie ?
Que tenez-vous en main ? La surface polie
D'un miroir n'apprend rien de nouveau, sachez-le.
Pourquoi l'interroger ? Ce n'est qu'un plan, pas deux.
Bien sûr, nous l'acceptons. C'est une vieille histoire
Et nous l'accommodons comme il faut, pour mémoire.
Mais ne confondez pas avec ce beau portrait
Ce qu'on ne dit jamais du seul fait que c'est vrai.
Soyez assez sceptique au bord de vos pensées :
On entend mieux la vie qu'une cloche sonnée…

C'était différent

Non, je n'ai pas connu l'enfance des bonbons,
L'école buissonnière et la chasse aux marrons
Pendant les mercredis qui semblaient des vacances.
Non. C'était différent. Avec l'obéissance,
Un contrat m'obligeait à retenir mon corps,
À cacher mon regard; c'était un bel effort,
Appris depuis toujours, une assurance-vie
Dont l'écrit le plus fin disait la perfidie.
J'étais un bulletin scolaire à tout instant,
Où tout était noté, tout était important :
Le calcul, la dictée, les lignes d'écriture
Et l'application, biffés par la censure.
Mieux : Je ne savais pas qu'on pouvait, autrement,
Ailleurs qu'en ma maison, vivre une vie d'enfant.
J'étais bien isolée dans la cour de l'école,
Attachée au travail, comme à un pot de colle,
Et la chance est venue de lire incessamment,
Qui me fit mesurer l'ailleurs et le présent.
Depuis, je remercie les romans et les contes
Qui m'ont tendu la main sur l'escalier qui monte
Alors que mes pareils, en toute liberté,
Ont pris d'autres chemins et s'y sont amusés.

Grand froid

L'obole est très modeste :
Ce ne sont que des restes
De pain, jetés ici
Sur l'allée, à l'abri.
Le roi merle, en sa gloire
Énorme, toute noire,
Après s'être assuré
De sa sécurité,
Légèrement, se pose,
Et trie les bonnes choses.
Ce régime excellent
Fait un tempérament
Vainqueur ; les calories
Sont de rares amies,
Quand il fait aussi froid.
Plus loin, au bon endroit,
Les moineaux, dans l'attente,
Encore, se contentent,
Braves petits enfants
Des buissons frissonnants.
Repu, le roi s'envole
En laissant, du pactole,
Un petit tas doré
Dans son plat blanc glacé.
C'est là qu'en ribambelle
Les petits, les oiselles,
Heureux de se nourrir,
Et tremblants de plaisir,

En hâte, se partagent
Le pain, vivant message.
Discrète à côté d'eux,
La colombe aux doux yeux,
Plus lentement, picore,
Sachant que, dès l'aurore,
Quelques chats vagabonds
Se cachent, ces garçons,
Qui n'aiment pas les restes,
(Non, le ciel en atteste),
Mais les jeunes moineaux
Posés sur un plateau.

Nous

Nous t'avons présenté les hommes de la terre
Et soustrait, parmi eux, ceux qui faisaient la guerre
En professant la paix, ces hypocrites qui
Ne te méritaient pas pour être tes amis.

Notre cœur est bien faible et la charge du monde
Est en danger ; vois-tu notre peine profonde
À savoir que d'un fil seulement tout dépend ?
Mais ceci t'appartient, prends notre sentiment.

Nous avons délaissé la salle de l'école
Où les grands orateurs tracent leurs hyperboles
Pour préférer la joie de la coupe de Vin
Que l'échanson nous sert avec un peu de pain.

Nous avons déserté les grands champs de bataille
Et n'avons pas choisi, comme chef, la canaille
Au bras fort, qui se tient debout grâce aux menteurs.
Cette place n'est pas pour ces calculateurs.

Nous verrons, c'est certain, le fruit de notre offrande,
Au centre du regard fabuleux, que demandent,
Infatigablement, les mendiants de l'amour
Que nous sommes, ici, jusqu'à la fin des jours.

Délaissant le plaisir coupable de Narcisse,
Empreints de lassitude alors que le temps glisse,

Comme la violette au premier coup de vent,
Nous penchons notre tête et notre sentiment.

Nous guettons, dans le ciel, la lumière nouvelle
De la lune au-dessus de ceux qui sont fidèles,
C'est le don que tu fais pour notre vérité,
Nous qui sommes à toi de toute éternité.

Les murmures

Parce qu'ils sont heureux, les amoureux murmurent.
Leur langage est plus doux que les ronrons des chats
Sur un coussin de laine, onduleux angora…
Le plaisir et l'amour dessinent leurs courbures.

Lorsque l'attention vers l'autre se partage,
Un sablier du cœur coule plus lentement,
Tout empli de bonheur, à l'aune du printemps
Qui propose à l'espoir de fabuleux voyages.

Mais le rêve, parfois, poursuit seul sa sirène
Et le danger grandit avec célérité.
Puis le feu ralentit, quand il a tout brûlé.
L'on se dit : quel effroi ! Le destin se déchaîne.

On n'a pas entendu les bruits de lassitude
Aussi discrets qu'un vent d'automne qui descend
Des collines du Nord, avec discernement.
Difficile est d'aller à la bonne altitude.

Quand il est fatigué, le vieux fauteuil en chêne
Émet le grincement paisible qu'on connaît.
Autrefois, c'est d'amour que le monde parlait…
Murmurez, ô regrets, encor cette rengaine !

Tu ne dis plus "demain"

Tu ne dis plus "demain"… Peut-être as-tu raison.
Loin de toi, l'avenir a bouché l'horizon
Car ton puits est creusé au bord de la falaise
Où tu vis, sans lumière auprès de la fournaise
Infernale des nuits, dans la négation.
Tu ne dis plus les noms dont la dépression
T'inonde, sans regard désormais pour la vie.
Est-ce autant le malheur que la mélancolie,
Ou la désespérance ? Il me semble, à te voir,
Que l'univers est mort, que le grand soleil noir
T'a traversé le cœur et que le ciel te blesse
À chaque aurore, comme un lendemain d'ivresse,
Une intime douleur qu'on ne peut partager.
Tu ne dis plus bonjour, tu as tout oublié
De ceux qui t'ont vu naître et la haine, en toi, tue
L'enfant né de l'amour dont l'âme s'est perdue.

Éblouissement

Le midi vertical abat sa longue lame
Sur la froide blancheur des toits et des chemins.
Nos yeux, plissés d'abord, se rappellent enfin
Ce qu'est la vraie lumière ici, qui se proclame
En silence et partout dans l'hiver souverain.

Chaque plume du ciel sur les branches posée
Semble endormir le monde et pourtant les oiseaux
Dessinent leurs chansons du bas jusques en haut
Comme pour compléter cette belle journée
De coups de becs joyeux survolant la vallée.

La nature gisant dans son grand lit d'attente,
Après mille baisers du soleil fabuleux,
S'éveillera bientôt, tant l'éther vaporeux,
Pressé par l'avenir et ses pensées ardentes,
Donnera des couleurs aux rêves floconneux.

La vigilance et le doute

Que le malin génie s'immisce dans nos vies
Par le puissant calcul ou par la rêverie,
Le journal qui s'écrit à l'encre des bavards
Voile la vérité pour cacher son retard.
Pourtant l'esprit contient sa joie particulière
À chaque pas qu'il fait dans le rai de lumière
Et, s'il ne chute pas par l'éblouissement
Ou par l'orgueil savant qui pérore en avant,
Tout meilleur est offert au monde sympathique…
Irons-nous dans le sens de la vertu critique ?
Il est tentant d'asseoir son corps dans le confort
D'une courbe infinie… mais le vent souffle encor.
Il pousse et l'on se sent déchargé de prudence
Et libre, tout à coup, tant le poids de l'essence
Est pesant, quelquefois. Mais nous ne dirons pas
Que tout est chaotique. Il faut vivre cela,
Douter jusqu'à minuit, revivre avec l'aurore,
Un espoir vigilant servant de sémaphore.

Que voulez-vous que l'on vous dise ?

Que voulez-vous qu'on dise et qui pourrait nous
croire ?
Ici l'hiver est vrai, ce n'est pas une histoire
Avec des anges blonds, des dentelles de lin
Séchant aux arbres leur beauté dès le matin.
Ce n'est pas de cela qu'il s'agit sur la terre
Où je vis mais de ceux qui parlent de misère
En buvant un cognac, en tenue d'apparat,
Dans les salons huppés. Ceux-là ne savent pas
Ce que c'est que le froid, ce que c'est que la pluie
Qui traverse les os. "Ces choses nous ennuient",
Murmurent quelques uns sitôt qu'un indiscret
Pénètre leur sérail. Est-ce l'hiver qui fait
Craquer le sol au point que les voleurs habiles,
S'élevant au-dessus des terres et des villes,
Prennent ainsi, hors-sol, leur bon contentement ?
Mais l'hiver a bon dos : Ce n'est pas seulement
Quand il fait froid qu'on voit, de terrible manière,
Un monde qui a faim, l'autre, en pleine lumière
Ayant vénal souci pour son bel embonpoint.
Que voulez-vous qu'on dise ? Il suffit d'un seul point
Pour percer un ballon. "Est-ce là notre affaire ?"
Disent les indécis qui goûtent, sans rien faire,
Un peu de la tiédeur de leur entre-saison.
La peur est un poison qu'on donne à la raison.
Le froid qui vient au cœur traverse l'atmosphère
Et fait, toute l'année, le lit de la misère.

On le sait. On le tait. Ce crime est permanent.
C'est l'hiver tout le temps, l'hiver sans le printemps.

Pia

Complices, nous l'étions, quand, son époux absent,
Elle envoyait un mot discret, de sentiment,
Qu'elle avait bien relu, tant la langue italienne
Arrivant sous sa plume en vagues diluviennes,
Dans la traduction, lui plaisait un peu moins.
Pia, ma douce amie, cela n'est pas si loin.
Nous avons partagé le frais parfum des roses
Qui donnaient, près de toi, de la saveur aux choses.
Deux femmes en miroir, oui, nous vivions cela,
Sans l'exprimer vraiment, dans la joie, le combat,
Dans l'ailleurs quotidien dont tu savais me dire,
Avec tant de pudeur, le meilleur, sans le pire.
Et pourtant je sentais un univers en toi
De questions, souvent, de souffrances, parfois.
De même, tu savais, pleine de modestie,
Poser les mots du cœur sur ma mélancolie.
Quand je te lis, j'entends quatre grillons qui chantent
En formant une croix d'amour, étincelante,
Je sens le vent du Sud et le goût merveilleux
Des repas italiens, des souvenirs heureux.
Tu es, dans ce voyage auprès de la sagesse,
Un phare, un alphabet, un pas, une caresse
Et sur notre échiquier d'où le roi est parti,
Tu es témoin discret d'un amour infini.

Salut du matin

Dès que le jour se lève, on s'en remet à lui.
Heureux celui qui traverse la nuit
Et se remet debout, l'énergie revenue,
Restaurée dedans soi par la force inconnue
De la terre intérieure au mystère infini.
Le rêve et le repos se seraient-ils promis
Assez de mieux, par sympathie, en somme,
Afin de supposer la liberté de l'homme ?
Heureux celui qui voit le chemin bien tracé
Par un rai de lumière échappé du passé.
Ô soleil de la vie, qui, de loin, nous éclaires,
Que de biens en ton nom, de plaisirs éphémères,
Et combien de méfaits tu montres bravement !
Ta chaleur nous construit ; le ciel en fait serment.
La chance d'exister ne connaît de mesure,
Aussi vrai que tu es, que dans notre nature.
Nous sommes ta journée, heureux matin qui vient
Après l'obscurité dont nous ne disons rien.

Chers collègues

Ambiance, que dis-tu ? Faisons tourner les tables :
Ça distrait un moment du monde insupportable.
On dit que l'argent coule à cet endroit précis
Sans qu'on sache comment le don et le délit
Se sont retrouvés là, sous une source noire
Alors que, dans la plaine il se vit une histoire
Triste et sans avenir. Sous le tapis de jeu,
Les billets distribués chassent les moins chanceux
Dans la rotondité formidable des sphères
Qui fait tourner les jours et les biens nécessaires.
Le vainqueur de ce soir distribuera sa peur
Aux nuages du ciel et l'on verra des fleurs
Pousser dans les ravins, loin des cercles de gloire.
Nous nous installerons au mieux de la mémoire
Auprès de nos pareils pour attendre demain
Dont on dit tant de bien dans les salons mondains.
Que faire en attendant ? Le rêve est la nature
Des mille et une nuits d'une longue aventure.
Chers collègues d'un jour, bientôt nous passerons
Derrière nos miroirs et nous nous connaîtrons.

Mais alors ?

Êtes-vous là dans ce que vois,
L'image à laquelle je crois ?
Mon cœur, mes sens, petits, fragiles,
Mes énoncés souvent stériles,
Ce miroir que j'ai décoré,
Me sont une irréalité
Comme, sur un fil invisible,
Une ombre à peine plausible.
Il y a tant de questions
Inutiles, d'impressions
Effrayantes quand on y pense !
À quoi me sert tout ce silence
Alors qu'arrive le sommeil
Du ciel retenant ses conseils ?
Comment savoir ce que contient
Ce qui, tout à coup, n'est plus rien ?
Ah, si j'avais la tête pleine
Au moins d'une image sereine !
Aucun livre ne s'est écrit
Du vide le plus accompli.
Le mensonge qui me présente
À la vue la plus exigeante
Entoure une complexité
Que je ne sais pas expliquer.
Vivre ne serait qu'une fable,
Un transport généralisable
Entre deux endroits inconnus
Qu'on estime, sans avoir vu,

La suite d'un avant possible
Avec une étoile pour cible,
Dans un ciel dont rien n'est certain,
Quelque chose qui donne faim
Et soif au corps, plutôt qu'un rêve
Auquel on obéit sans trêve,
Plutôt que rien, plutôt que moi
Qui pose un million de pourquoi
Sans réponse, une marionnette
Entre le fantôme et la bête.

Qu'est-ce donc qui pourra être estimé véritable ?
Peut-être rien autre chose, sinon qu'il n'y a rien au
monde de certain. René Descartes.

Lendemain

Le peuple et l'opinion, sous leur masque binaire,
Ont écouté les mots des rhéteurs adversaires.
La quotidienneté, dans la suite des jours,
Propose au lendemain la croix d'un carrefour.
N'est-ce pas une étoile au hasard échappée,
Ce dont la vérité peut être décorée ?
Quel silence étonnant a traversé le ciel
En exhaussant un rêve invisible, essentiel ?
Le jour se lève à peine et l'on compte les choses
Qui restent du voyage au pays de la glose.
Une voix inconnue raconte que le froid
S'éloigne sur la terre et demande pourquoi
Les immobilités pèsent sur nos épaules,
Plus fort qu'hier encor l'éloignement des pôles.
L'énergie se déplace. On doute du parcours
Possible pour demain. Quel sera le retour ?
Le vivant doit choisir, essayer de comprendre
En ouvrant son compas sur la trace des cendres.
Ce qu'il fera des mots et des faits avérés
Tracera le parcours de son humanité.

La solitude du fantôme

Dans la maison des souvenirs
L'hiver pousse de longs soupirs
Qui désoleraient un fantôme
S'il pratiquait le même idiome.
Hélas, il s'y sent étranger
Depuis que le foyer fermé
Ne reçoit plus aucune flamme.
On y avale, par programme,
Une telle soupe, le soir,
Que le partage est désespoir.
Le fantôme aimerait mieux rire
Avec la dame qui délire
En regardant le ciel chargé
De neige et de banalité.
La famille est indigne,
Se dit-il sans un signe.
Plus de couloir glacial
Pour le cérémonial
Des petits bruits de chaîne
Dès que l'on s'y promène…
Pas un trousseau de clés
Bien lourd, à déplacer
Pendant que tout sommeille
Et plus de perce-oreille
Afin de faire peur
Aux petits, quelle erreur !
Ce monde raisonnable
N'est pas des plus aimables…

Championnat

Voilà, je suis championne
Des gaffes, des erreurs,
Toujours qui s'additionnent
Et font lever le cœur.

En guise de médaille,
On vient dans ma maison
Avec une tenaille
Et un peu de savon.

Je ne sais plus que faire
Avec ces deux outils.
Je dis oui mais l'affaire
Me coupe l'appétit.

C'est déjà difficile
Au quotidien, ma foi,
D'évacuer la bile
Et la purée de moi.

Alors quand il arrive
Un coup de règle, fort,
Le peu d'essence vive
S'effondre et il a tort.

Je ne tends pas la joue
Comme il est conseillé

Mais, regardant la roue
Qui s'applique à tourner

Devant chaque défaite
Avec beaucoup d'ardeur,
Je fais une retraite,
En somme, de mon cœur,

Au profit des patiences
Qu'on invente, le soir,
Et décrète une alliance
Avec mon vieux mouchoir.

Les pas perdus

Les pas perdus sont tous partis
Vers un ailleurs meilleur qu'ici.
Les quais, désespérément vides,
S'étirent dans un gris sordide
Et disparaissent au lointain
Comme un ultime lendemain.
C'est la minute de silence.
Il faut connaître cette absence
Où la froideur tient le pavé
Devant l'univers hébété.
Qu'une âme passe à vive allure,
On n'en saurait pas l'aventure
Car les témoins ont disparu.
Tout est fini. N'en parlons plus.

Le silence et le mensonge

Le malheur vit là-bas depuis longues années.
Ne parlons pas d'argent mais des tristes journées
Qui passent, sans enfant. Mais non, ne disons rien.
Le cœur fragile, inquiet, fidèle comme un chien
Dans sa niche attaché, ne nous comprendrait guère.
Entre l'abattement et la blanche colère,
L'impuissance a creusé, dans la honte, son puits.
Peut-être suffit-il de parler de l'ennui,
Puisque la vérité ne peut se faire entendre.
Alors on fait silence en n'ayant, pour comprendre,
Qu'un espoir minuscule et peu de réconfort,
Car la vie continue, faisant de lourds efforts.
Mais que faire et comment, quand la terreur nous
ronge ?
Pour attendre demain, les mots font des mensonges.

Les mots suprêmes

Pour ne pas s'effondrer, pour ne pas oublier,
Que l'on chante l'amour, l'espoir et la beauté !
Nous habitons un monde où la philosophie
Peine à s'épanouir tout au long de la vie.
La science a tracé des repères nouveaux
Dans lesquels se confond, en vérité, le beau
Avec le bien. L'envie, avec le nécessaire
Oscille infiniment sur le dos de la terre.
Il suffit qu'un discours, avec sincérité,
Vote pour le combat et pour l'obscurité,
Tout à coup la vengeance, avec ardeur, élève,
Avec des hurlements, son magnifique glaive.
On n'entend plus l'oiseau chanter le sentiment
Merveilleux de la paix que vivent les amants.
Son chant venu du ciel éclairait d'harmonie
Le parfum de la rose au suprême génie.
Que l'on chante l'amour, l'espoir et la beauté,
Pour ne pas s'effondrer, pour ne pas oublier !

Des détails

Déjà la chose est annoncée.
C'est une mauvaise journée :
Je serai tondue dès demain
Pour avoir chanté un refrain
D'amour, une simple rengaine.
Il faut que cela se comprenne.
Un poème contresigné
D'une main d'or fût déclamé
Mais une rime de la rue
Ce jour, n'est pas la bienvenue.
« Comment ? Vous avez des amis
Qui publient sans nous l'avoir dit ?
C'est un acte répréhensible
Étalé de façon visible
Au début d'un petit journal,
Un pied-de-nez fondamental !
– Mais ce n'est qu'un poème tendre.
– Allons ! Je dois me faire entendre :
Il est néfaste, sachez-le,
D'avoir réalisé ce vœu
De votre côté, sans le dire. »
N'en jetons plus, ça doit suffire.
Avec un crâne sans cheveu,
Je cacherai, comme un pouilleux,
Ma honte avec ma plume folle
Ensemble et c'est un lourd symbole.

Des couleuvres dans l'estomac

Je suis une blairelle à mon corps défendant.
Quand ils passent par là, j'avale des serpents.
C'est assez bon. Voilà pourquoi je m'en contente !
On imagine mal nourriture méchante…
C'est fin, cela se glisse entre les basses eaux
Et les discours portés par les vents magistraux.
J'en attrape souvent que, d'un seul coup, j'avale
Et j'en ai, croyez-moi, des douleurs infernales.
Mon estomac fragile est durement soumis
Aux mouvements nerveux des démons mal acquis.
Je devrais, d'un coup sec, les croquer, pour, en
somme,
En connaître le suc, ainsi que font les hommes,
J'en serais moins malade. Et coupable je suis
D'avaler des serpents tout vifs jusqu'à la nuit.
C'est là mon triste sort. J'en suis fort désolée.
Sur la terre mouillée, ma vie est menacée.

Jour de moins bien

D'habitude, on s'amuse, en buvant un café.
Les chocolats divers et les petits sablés
Placent la bonne humeur au milieu de la table.
Hélas, pour cette fois, les nouvelles minables
Nous poussent franchement vers de tristes constats :
Élirons-nous bientôt un chanteur d'opéra,
Un voleur, un banquier, un sombre énergumène ?
La liste est inconnue des vices qui promènent
Les visages fermés des candidats nommés
Par d'étranges scrutins plus ou moins dévoyés.
Pour une fois, hélas, rien ne nous porte à rire
Et nous sommes de ceux dont le monde soupire
Avec raison, montrant le niveau des coups bas
Et des paris en l'air qui ne s'éclairent pas.
Mais quel nom sortira ? Que dire et comment faire
Pour sortir du bourbier. Les horreurs de naguère
N'ont pas encor suffi pour que notre pays,
D'honneur et de vertu, seulement, soit nourri.
Les urnes, dans six mois, feront un choix terrible
Et l'on cherche la flèche et l'on cherche la cible.

Émerveillement

Le vieillard est assis quand la famille arrive
Avec un dernier-né dont la joie est si vive
Qu'elle emplit la maison de tendres sentiments.
Qu'entend-il, ce petit, de tous ces compliments ?
Il connaît à coup sûr la sublime harmonie
Des regards amicaux, la tendre mélodie
Que l'on joue chaque fois qu'il sourit gentiment.
C'est un don naturel de l'amour, en naissant.
Passant de bras en bras, le voici vers grand-père.
Il reconnaît ses yeux et la belle lumière
Que ses lunettes font quand il lui dit bonjour.
Cet amour-là, aussi, dure depuis toujours.
Comme ils manquent de mots, les deux oiseaux
babillent,
Partagent des secrets merveilleux, qui pétillent,
Et l'aïeul redevient un tout petit garçon
Pour le bébé ravi qui connaît ses chansons.

Nébuleuses

Libres ! Qu'en pensez-vous ? Quel superbe
programme !
Plus de maîtres ici, les règlements aux flammes !
Nous tirerons au sort celui qui dressera
La table pour dîner et cela changera
Chaque lundi : la lune est notre bonne amie.
Sa vieille robe usée nous paraît plus jolie
Que les bijoux clinquants à midi assénés.
Tous ces colifichets seront à supprimer !
Libres et naturels, voilà ce que nous sommes !
Ce qui soutient nos bras, le prodige de l'homme,
Est plus mystérieux qu'on l'écrivit souvent.
La sûreté combat, dans nos engagements,
La jeunesse du cœur au sentiment sublime.
Pourtant la liberté est antérieure au crime,
Impalpable trésor qui, dans nos souvenirs,
Place la vérité dans les bras du désir.
Quand on nous dit, plus tard : "Devenez
responsables",
Des esprits inspirés tournent autour des tables.

La liberté est le crime qui contient tous les crimes.
C'est notre arme absolue. Mur de la Sorbonne, 1968.
Tel est le mystère de la liberté de l'homme, dit Dieu…
Si je le soutiens trop, il n'est plus libre et si je ne le
soutiens pas assez, il tombe. Charles PÉGUY

Pensées du soir

La faucille plantée dans le grand champ du ciel
Me rappelle autrefois les moissons et le miel ;
C'est si loin maintenant ! Mon vieux cœur s'en
étonne.
Alors que je dormais, la vie était si bonne !
À mi-voix me répond la fortune des jours :
"Ne désespère pas, non, jamais, de l'Amour !
Quand il faudra partir, ne prends aucun bagage,
Il suffit de ton cœur pour le dernier voyage.
Que ta bougie se joigne aux rayons du soleil
Et ne te soucie plus des autres appareils,
Des voleurs de la nuit aux terribles conquêtes.
Des trésors passagers tu t'es empli la tête.
Ils disparaîtront tous. Ce n'est pas important.
N'aie pas le mauvais œil, c'est un enfermement.
Sur l'échiquier de la Beauté, c'est toi, l'unique
Et modeste élément que le choix magnifique
A désigné pour vrai. Sois digne du meilleur
En ne te méprenant pas sur les vraies valeurs…
Car l'ascèse hypocrite aura brûlé Sa gloire
Au bûcher des brigands. Tu verras cette histoire
Aussi distinctement qu'on te voit aujourd'hui,
Vers la fin de ta vie quand arrive minuit… "

Parlerie

Sur le bout de la langue,
Une couleur exsangue
Emploie son souvenir
À dire son désir
Dans un petit silence
Et quelque vraisemblance
Avec la vérité.
Seul le don est sacré
Quand l'instinct de la vie
Rassemble l'énergie
Pour embellir demain,
S'il connaît le destin
Des petites paroles
Accrochées au symbole.
Que ferons-nous, mon cœur,
Quand nous aurons moins peur
De toutes ces journées
Des saisons échappées ?
Qu'on murmure un merci,
Partant vers l'infini,
Comme un mot de prière
Innocent, par lumière,
Ou qu'on se taise enfin
Dans un baiser, les mains
Jointes formant la rose
Au jardin de l'osmose,
Il ne restera rien
De l'amour, que ce lien

D'invisible harmonie
Qui tira notre vie
Du vide inachevé
Par les mots oubliés…

Pour fêter le printemps

Approche, beau chanteur ! La belle coupe est pleine
Et le vin du bonheur doit couler au domaine
Où nous nous retrouvons, amis et compagnons !
Qu'importent les propos sous les noirs capuchons !
Laissons l'orgueil, laissons ces factices manières
Qui cachent à nos yeux la sensible lumière.
L'oiseau de nos allées connaît la liberté :
C'est l'ivresse d'aimer qui le fait voyager
Dans les arbres nouveaux. Le beau feuillage tremble
Et nous nous approchons de leur ciel, tous ensemble,
Au mépris de la roue des mauvaises saisons.
Nous ignorons le sens et les contrefaçons
Du sort, voilà pourquoi nous fêtons la venue
Des beaux jours triomphant de la mort inconnue.
Avec nous, échanson, dans le souffle du vent,
Propose le doux Vin des meilleurs sentiments !
La splendeur de la Rose est-elle suffisante ?
Elle offre pour tapis ses délices charmantes.
En souvenir du grand poète de l'amour,
Allumons nos gosiers avec ce beau velours
Si fort et généreux pour nous tous, sur la terre.
Ô prodige éternel, printemps des grands mystères,
Que dans la poésie nous aimons retrouver,
Par la soif de l'Amour, nous allons te fêter !

Je ne t'écrirai plus

Un au revoir lointain. Je ne t'écrirai plus.
Tu décriais pourtant l'expérience céleste
Avec ardeur. On dit que tu as disparu,
Que sur terre, là-bas, une pierre nous reste
En souvenir de toi, qu'il faut se contenter
Dans l'oubli du malheur. Le temps, avec nous, passe,
Ainsi qu'un train aveugle et sourd, en vérité.
Je ne t'écrirai plus, seule dans ton espace.
Les étoiles du ciel scintillent de l'amour.
Qui ne voit pas cela ne comprendra rien d'autre.
Elles montrent de loin ce qui dure toujours :
Le sentiment divin entre tous, qui fut nôtre.
Depuis ce jour cruel où tu n'as plus parlé,
J'écris, vers l'infini possible de l'essence,
Un poème à deux voix, par le ciel amputé,
Que l'âme pourra lire en toute connaissance.

Il faudrait

Retrouver, chaque soir, avant de s'endormir,
Trois souvenirs heureux, même menus plaisirs,
Qui pourraient disparaître au fil de la journée.
Pour de sombres raisons, la mémoire est butée
D'un effort, quelquefois ; il faut, très doucement,
Lui caresser la main. Tout s'éclaire à l'instant
Où revient un regard, un sourire ordinaire.
On allait oublier ce plaisir nécessaire…
Il faudrait soutenir assez la liberté
Dans le souffle du temps, l'aider à respirer.
On néglige souvent le goût de la nature,
L'essentiel évident d'une longue aventure,
Pour la bonne raison que les sens ont perdu
La magie de l'enfance et qu'on ne s'aime plus.

Manque d'imagination

On ne sait plus que dire, on ne sait plus que croire.
Au présent difficile on jette sa mémoire
Comme un os à un chien qui pleure infiniment,
Écorché par sa laisse, ainsi qu'un pénitent.
On répète les mots attachés à la gloire :
À la liberté, à l'égalité, l'histoire
Ajoutait la fraternité pour faire un tout
Des vertus de l'esprit qui cernent les tabous.
Le confort et l'argent, à l'ombre des lumières,
Pactisent à l'envi puis, en quittant l'arrière,
Par les temps affranchis, s'approchent d'un milieu
Que la modernité place au niveau des dieux,
À moins que cela soit l'amnésie, la misère ;
Et bientôt l'on se dit qu'on ne sait comment faire…
On se sent en enfer et l'on mène au combat
Les pauvres qui feront d'admirables soldats.

La guerre est un prodigieux manque d'imagination.
Kafka

Le long des jours sans fin

Le long des jours sans fin ne m'intéresse plus :
C'est la statue d'un mort, un pays disparu
Qui s'est désagrégé quand j'avais de la peine.
Il faut apprendre à vivre en dépit de la gêne
Et du vent qui soulève un torrent de regrets.
L'abri des souvenirs n'a plus aucun attrait.
Ce qui compte est devant. C'est une main tendue
Qui surprend le silence, une crainte vaincue.
On ne connaît pas tout du bonheur et c'est bien…
Chaque soleil levant propose ici un lien,
Ailleurs une douceur pour consoler une âme
Entre la nuit glaciale et la crainte des flammes.
Le reste est un décor. Je n'en ai plus besoin
Pour rêver du meilleur qui revient de si loin
Que j'oublierai bientôt la raison de mes larmes.
Tout possible est ici ! Ne sonnons pas l'alarme.

Le mystère s'échappe

Toi qui sais tout depuis que tu as la parole,
As-tu l'envie, parfois, de silences compris,
Quand le regard adverse échappe et te survole ?
Il faut laisser du temps aux mondes infinis…

Dans la discussion, sous la grande coupole,
Il se trouve toujours un endroit des parvis
Dont tu n'écoutes pas, dessous ton auréole,
Un murmure du cœur venant des asservis.

Le mystère s'échappe où tu écris ton nom
Mais tu as oublié l'insondable profond
Dans la coupe d'airain de la pensée humaine…

Connais-tu la mémoire ? As-tu toutes ses clés ?
Bienheureux tu te crois, d'avoir si bien parlé
Qu'il vient un grand silence au-dessus de la plaine.

L'attente

L'horloge impénétrable égrène les instants.
Je ne sais plus quoi faire avec les sentiments
Qui me brisent le cœur. Un gouffre d'ignorance
Et d'inquiétude s'ouvre. Il résonne d'absence.
Aucun écho d'ailleurs ne vient me rassurer.
Le temps trace des noms : celui de l'horloger,
Celui de l'ouvrier et puis celui du père
En attente d'un tout surchargé de mystère.
La serrure est fermée. Je cherche mille clés
Dans la boîte à mémoire où tout est emmêlé.
L'angoisse obstrue le pont branlant de la sagesse
Et mes pas hésitants ont perdu leur adresse.
On me dirait en vain que les jours vont passer,
Qu'il faut, pour les aider, force et sérénité…

Création

Le "mentir-vrai" de l'homme aux multiples facettes,
Fait avec le silence et le masque sans tête
Un pacte, en grand secret, pour être, sans témoin,
L'unique voix d'un chant qu'on entendra de loin.
Le passé de l'histoire, ainsi que son intime,
Accompagne son vœu, pour tout ce qu'il estime,
De partager le dit et ce que le cœur sait,
Pour montrer, sur la scène, un aimable portrait.
Oui, chacun fait ainsi pour arranger sa vie :
Les faits de leur côté, de l'autre l'amnésie,
Dans un endroit plus sombre un sensible miroir
Qui se tait trop souvent, sitôt qu'il fait trop noir.
La lâcheté survit dans son plus beau costume
Et construit un récit en égouttant la plume
Aux fins de n'ennuyer le lecteur bienveillant
De trop de taches ni de questions en blanc
Sur le vélin neigeux d'une infinie présence.
On se ment à soi-même au débit des balances.

Sondomanie

Les amoureux de la photographie
Sourient à l'art, pris de folie
Qui transforme leur vérité
Sous l'aile de la liberté.
La nouveauté des temps modernes
Prend les regards et puis les berne
Avec des outils inconnus,
Des tables et des mots confus.
D'autrefois, la verbomanie,
Quittant la belle allégorie
Pour le pavé du quotidien,
Tisse une toile d'autres liens.
Savoir ce que le monde pense
Achève l'art et la science
Instantanés des opinions
Pour en faire des additions.
Que dites-vous de la nature ?
Que notez-vous de la culture ?
Attendez : nous avons ici,
Sur un tableau presque infini,
L'image de la pertinence
En matière d'équivalence
Entre le vote provincial
Et le moderne, commercial,
Dont nous regroupons les données
Pour établir une lignée
De vos principaux intérêts.
Voyez ici : rien n'est secret.

Selon le niveau de votre âge
Ou le nombre de vos voyages,
Selon le diplôme obtenu,
Selon chacun des livres lus,
Votre portrait prendra sa place
Dans ce puzzle à triple face
Où la statistique fait loi.
Ne nous demandez pas pourquoi.

Par conséquent

On trace les sommets d'un triangle isocèle
Avant de démontrer tout le raisonnement.
En marge, on n'a pas vu le délicat obèle
Indiquant qu'on oublie de citer l'ascendant.

Par conséquent, voyez : votre château de cartes
Ne résistera pas longtemps sous le regard.
On dit à l'arrivé, d'un signe, qu'il reparte
À la quête de soi, car il est déjà tard.

Fais et défais, petit. La manière d'apprendre,
Au prix de tes efforts met son juste niveau.
Tu prononces des mots qu'il faut d'abord entendre
Avec humilité, dans ton puissant cerveau.

Mais les nuits, sache-le, pendant que tu sommeilles,
Dans leur grande sagesse à travailler le noir,
Te transmettent la voix discrète qui conseille
Au rêve qui te vient, d'observer les miroirs.

Les points sont des espoirs ; les croix sont des
rencontres.
Par la géométrie, l'on aime suggérer
Ce que le fil de vie dans le récit démontre
Et les mythologies continuent de parler.

*Toutes les mythologies et religions polythéistes sont
des sciences humaines d'exquise manière, infiniment
plus précises, efficaces et sensées que ce que nous
appelons de ce nom aujourd'hui.* Michel Serres, Les
origines de la géométrie.

Tendresse

Vous ne comprenez pas. Me pardonnerez-vous
D'avoir été à vous pendant le temps des roses
Puis d'avoir disparu, sans le moindre dégoût,
Dans un univers gris fait de journées moroses ?

Sur l'étrange chemin, le hasard met des points,
Trace des croix, parfois ; ce sont là des rencontres.
D'amour et d'amitié. Les mots, de près, de loin,
Nous ont donné la vie. Cela ne se démontre.

Le cœur aimant prend peur quand un enfant s'en va
Vers plus de liberté. C'est le sens de la vie.
Tout est-il dépeuplé de ce qu'on ne voit pas ?
Combien de chants d'amour sont de mélancolie…

Ne disons pas adieu, ne disons pas toujours,
Ni jamais ni pourquoi mais vivons notre histoire :
Les temps sont partagés, d'attentes et d'amours
Sur un grand balancier d'équilibre illusoire.

Me pardonnerez-vous, sous votre ciel radieux,
D'un puissant souvenir au parfum délectable,
D'être sourde parfois et de fermer les yeux ?
Les rêves ne sont pas, au meilleur, opposables.

Accroche ton cœur

Accroche ton cœur aux étoiles :
C'est une chanson d'autrefois
Que la lune, dans son grand voile,
Fredonna mille et une fois.

L'enfant voyageait dans son rêve
À bord d'un bateau fabuleux,
Le mât haut dressé, comme un glaive,
À travers l'océan brumeux.

Va, joli trésor de la vie !
L'univers n'est pas assez grand
Pour contenir cette magie
Qui te fait sourire en dormant.

Quand les dizaines innombrables
Feront, sous tes pieds, un tapis,
Rappelle-toi l'ancienne fable.
Accroche ton cœur, cher petit.

Fils de la terre

Devant l'immense
Et l'impermanence,
À mi-voix, il pense
Au devenir.

Nuits et journées,
Fugaces idées,
Sont évaporées.
Triste soupir…

Sa pauvre mère
Qui dort sous la terre
N'a plus de misère
Mais lui, hélas…

Quelle justice
Dans le précipice
Où le vivant glisse,
Sable du sas !

Fils de chimère
À la mine austère,
En toi, cette guerre
Te fait souffrir.

Drôle de vie,
Quand vient l'ennemie

Qui fait l'autopsie
De ton désir…

Eurêka

Ceux qui créent les problèmes
N'ont pas à réfléchir
Car d'autres, qui les aiment,
Prompts à intervenir,

Vont agir sur l'histoire
Avec leurs outils d'or !
Ont-ils plus de mémoire ?
Maîtrisent-ils le sort ?

Toujours est-il qu'ils viennent
Chaque fois qu'un souci,
Des tables cartésiennes,
Fait un triste tapis.

Eurêka ! Cette faille
Était sous votre nez !
Vous autres, la bleusaille,
Vous passez à côté.

La leçon est sévère.
À peine entendrait-on
Tout au loin, la misère,
Qui chauffe son chaudron.

Partout, les exégèses
Fleurissent les parvis,

Que cela nous déplaise
Ou gonfle les paris.

Car les grands spécialistes,
Pour se bien promouvoir,
Présentent, sur leurs listes,
Côté blanc, côté noir,

Leurs vérités uniques
Qui sont, selon les temps,
Parfois symptomatiques
De non discernement.

On en connaît les fables,
Depuis que l'être humain
A gravé sur sa table
Un éternel refrain…

Corruptions, nuances et compromis

Corruption, attention !
Lentilles de vision,
Corrections.

On aime la justice
Mais quand elle glisse,
Précipice,

D'un seul pauvre baudet
Tôt sevré de bon lait,
Le portrait

Va suffire aux affaires
– Sans parler de la guerre,
Arbitraire.

Il faut que la raison
Qu'on sait, dans les maisons,
Fasse un bond…

Il faut, sans comédie,
Que les lignes de vie
Perverties

Placent sous un compas
Leur petits points alpha,
Leurs tracas.

De l'imagination à l'espoir !

Voyant le tableau blanc d'un grand manteau de
neige,
L'enfant couvert de laine entend les sortilèges
Qui dorment sous la terre : il connaît les secrets
De l'œuf et de la poule. Il ignore "jamais",
Qui dure trop longtemps, c'est un mot difficile,
Et dangereux pour tous : en somme, un
crocodile…
Un flocon, celui-ci, lui ressemble : il est beau
Comme un baiser du ciel, il n'a aucun défaut.
Il se cache en fondant, il joue aux grands
mystères.
Il entre dans la peau. Voilà son petit frère,
Étoile de blancheur légère comme un cœur
Qui lui donne, partout, un surcroît de vigueur.
On va construire ici, sur son lit de naissance,
Un bonhomme, un clown blanc, plein d'enfance
Et de rêve, un miroir pour chaque lendemain
Avec un petit cœur en flocons de satin.

Vous pleurez

Poète, vous pleurez des rimes au malheur.
Le mauvais sort jeté vous a brisé le cœur
Et depuis, le pourquoi continue, sans réponse.
Aux bruyères en fleur qu'un poème prononce
On revoit une image, un silence profond
Que la pierre a gravé, le jour de l'abandon.
N'y cherchez pas un nom. Car le temps est tout
âme,
Il est toujours présent, dans l'arbre qui
s'enflamme
Et dans le mimosa qui renaît au printemps,
Après cette saison qui vola votre enfant.
Pourquoi nous battons-nous contre cette pendule ?
Où donc est l'horloger ? Son œuvre ridicule
Est la nôtre et j'entends son désappointement
Dans les guerres, partout, ces poisons du vivant.
Quand nous verrons, demain, le vol des
hirondelles,
Nous entendrons chanter partout : la vie est belle !
Et c'est, pour aujourd'hui, l'impossible pardon,
Le don d'éternité qui manque à la raison…

Grand soleil

Grand soleil aujourd'hui. Les oiseaux sont joyeux,
Les hommes remercient le ciel si généreux.
C'est maintenant qu'il faut emplir sa tirelire
De célestes refrains plus que d'ors et d'empires.
Dans les allées, voyez le vert brillant d'espoir
Qui danse dans le vent : c'est là tout son savoir.
Les platanes, ravis, en faisant leur toilette,
De retrouver la voix de la bergeronnette,
Étirent leurs bras nus éperdus de printemps.
Voici le temps qui fait de nous tous des enfants.
D'ici peu, les bourgeons feront mille promesses
Dont nous reconnaîtrons la beauté, la finesse.

Des histoires extraordinaires

Un quartier de silence au bord de la rivière :
On y voit des maisons de facture ouvrière
Et de petits jardins fleuris et potagers,
Des demeures fermées au milieu des vergers.
Le passant ordinaire est très tenté de croire
Qu'il ne se passe rien ici, qu'aucune histoire
N'y prend place, jamais. Eh bien, figurez-vous
Qu'il y a des peureux et, plus encor, des fous.
Un étrange voisin vint transmettre une alarme
Incroyable qui dût nous faire rire aux larmes :
Des esprits malveillants étaient venus chez lui,
– Comment ? C'est imprécis, verser dans les
conduits
Sanitaires, mais oui, une espèce d'essence
Et que l'odeur tenace est, de toute évidence,
Un signe, une menace, un danger imminent.
La voisine prend peur. C'est un peu fort,
vraiment !
Au village, on n'a pas encore ces trouvailles
Ni tous ces cauchemars qui serrent leurs tenailles,
Quand on n'y pense plus et comme on devient est
sourd,
On n'entend pas l'esprit quand il nous joue des
tours.

Partir d'un point jusques à l'infini

Sur la terre, l'esprit mit la géométrie,
La séparant du ciel puis des eaux, car la vie
Découvrait des chemins qui menaient vers
l'ailleurs.
Le territoire vint, rescapé du déluge et des jours de
malheur
Où le Nil détruisait tous les champs de culture.
Avec ce qui revint se traça la figure.
Un, deux, trois, quatre points : tout possible carré
Faisait une conquête au-dessus du donné.
Le géomètre, expert, délimitait, en somme,
Ici le juste et là, les attentes des hommes.
Le droit civil naissait de ces plans cadastraux,
Mesures de justesse entre les idéaux
Et les flux incessants des prodiges liquides.
La connaissance alors avait vertu d'égide.
Il fallut qu'un poète, imaginant un point,
Tenté par le voyage et regardant plus loin,
Jusques à l'infini plaçât son aventure.
On nous promit, depuis, le Tout dans la Nature.
On nous promit aussi le paradis au cœur
De la terre conquise et d'autres points menteurs.

Table des matières

M.KISSINE
2 Rue de la Fourche
25700 Valentigney
FRANCE

contact : m.kissine@gmail.com

Déjà parus

chez Lulu.com, disponibles sur le site de l'éditeur :

Résiliences, seconde édition - ISBN 97829919390427
La porte est basse   ISBN 9782919390151
Essai de versification... - ISBN 9782953445695
Cotillons - ISBN 9782919390205
Donnez-moi la première lettre - ISBN 9782919390212
Les oiseaux du parfumeur - ISBN 9781326973353
Puissent les mots s'aimer avec la vie - ISBN 9782919390243
Treize desserts - ISBN 9782919390199
Tarot - gris et couleur - ISBN 9782919390250 et 9782919390267
Lignes brisées - ISBN 9782919390175
Muse à musique - 4 volumes ISBN 9782919390298,
9782919390328, 9782919390335, 97829919390380
Décomposition - ISBN 9782919390274
Contes et extraits du Recueil de la Rose - ISBN 9781326508647
Chaque jour de Vénus - ISBN 9782919390304
Verroteries -ISBN 9782919390311
Porte-plume - ISBN 9782919390373
Une plume dans la pierre - ISBN 9782919390397
Du recueil de la rose ISBN 919390342
Mystères - ISBN 9782919391427
Coups lisses - ISBN 978299390281
Usquequo – ISBN 9782919390410
Souvenirs de la Miotte – ISBN 9780244405649
Paradoxes – ISBN 9782919390434
Combien de temps encore ? ISBN 9782919390458
Journal de poche, 2017/2018 – ISBN 9782919390441
Il n'est pas impossible – ISBN 9782919390489

Des petits papiers – ISBN 9782919390472 – chez Amazon KDP

www.ingramcontent.com/pod-product-compliance
Lightning Source LLC
Chambersburg PA
CBHW020239030726
47497CB00009B/3166